o cristo cigano

geografia

poesia de bolso

sophia de mello breyner andresen

o cristo cigano

geografia

Companhia Das Letras

Copyright © by herdeiros de Sophia de Mello Breyner Andresen

*Esta edição segue o estabelecimento de texto de Obra poética lançado
pela Assírio & Alvim em Portugal, em 2015, coordenada e revista por
Maria Andresen de Sousa Tavares.*

Capa, ilustração e projeto gráfico
Elisa von Randow

Revisão
Marina Nogueira
Huendel Viana

Dados Internacionais de Catalogação na Publicação (CIP)
(Câmara Brasileira do Livro, SP, Brasil)

Andresen, Sophia de Mello Breyner
    O Cristo cigano ; Geografia / Sophia de Mello Brey-
ner Andresen. — 1ª ed. — São Paulo : Companhia das
Letras, 2024.

    ISBN 978-85-359-3884-5

    1. Poesia portuguesa I. Título.

24-216694   CDD-869.1

Índice para catálogo sistemático:
1. Poesia : Literatura portuguesa   869.1

Tábata Alves da Silva – Bibliotecária – CRB-8/9253

3ª reimpressão

Todos os direitos desta edição reservados à
EDITORA SCHWARCZ S.A.
Rua Bandeira Paulista, 702, cj. 32
04532-002 — São Paulo — SP
Telefone: (11) 3707-3500
www.companhiadasletras.com.br
www.blogdacompanhia.com.br
facebook.com/companhiadasletras
instagram.com/companhiadasletras
x.com/cialetras

sumário

o cristo cigano 9
A palavra faca 11
I. O escultor e a tarde 12
II. O destino 13
III. Busca 14
IV. O encontro 17
V. O amor 18
VI. A solidão 19
VII. Trevas 20
VIII. Canção de matar 21
IX. Morte do cigano 22
X. Aparição 23
XI. Final 24

geografia 25
I. Ingrina 27
Ingrina 29
Manhã 30
De pedra e cal 31
Mundo nomeado ou descoberta das ilhas 32
Senhora da rocha 33

II. Procelária 35

Procelária 37

Cidade dos outros 38

Eu me perdi 39

Esta gente 40

Os aviões 41

Velório rico 42

Túmulo de Lorca 43

Néon 44

III. A noite e a casa 45

Quadrado 47

Escuto 48

Bach Segóvia guitarra 49

Vela 51

A luz e a casa 52

A noite e a casa 53

Espera 54

IV. Dual 55

Novembro 57

Signo 58

De um amor morto 59

Dual 60

O vazio desenhava desde sempre 61

Assim o amor 62

A flauta 63

No deserto 64

No quarto 65

O filho pródigo 66

Caminho 67

Janela 68

Casa 69

As nereides 70

Portas da vila 71

Palmeiras geometria 72

Atelier do escultor do meu tempo 73

Os espelhos 74

Ali, então 75

V. Mediterrâneo 77

Acaia 79

No Golfo de Corinto 80

Sunion 81

Electra 82

Epidauro 83

Tolon 84

Antinoos 85

Vila Adriana 86

Pompeia — Casa de Menandro 87

Crepúsculo dos deuses 88

Termoli 90

Ítaca 91

Um poeta clássico 92

VI. Brasil ou do outro lado do mar 93

Descobrimento 95

Manuel Bandeira 96

Brasília 98

Poema de Helena Lanari 99

VII. No poema 101

Poesia de inverno 103

Escrita do poema 105

Da transparência 106

Poema 107

o cristo cigano

A palavra faca

A palavra faca
De uso universal
A tornou tão aguda
O poeta João Cabral
Que agora ela aparece
Azul e afiada
No gume do poema
Atravessando a história
Por João Cabral contada.

1. O escultor e a tarde

No meio da tarde
Um homem caminha:
Tudo em suas mãos
Se multiplica e brilha.

O tempo onde ele mora
É completo e denso
Semelhante ao fruto
Interiormente aceso.

No meio da tarde
O escultor caminha:
Por trás de uma porta
Que se abre sozinha
O destino espera.

E depois a porta
Se fecha gemendo
Sobre a Primavera.

II. O destino

O destino eram
Os homens escuros
Que assim lhe disseram:

— Tu esculpirás Seu rosto
   de morte e de agonia.

III. Busca

Pelos campos fora
Caminhava sempre
Como se buscasse
Uma presença ausente.

"Onde estás tu morte?
Não te posso ver:
Neste dia de Maio
Com rosas e trigo
É como se tu não
Vivesses comigo.

A ti me enviaram
És tu meu destino
Mas diante da vida
Eu não te imagino

A ti me enviaram
E sei que me esperas
Mas só oiço a verde
Voz das Primaveras

Onde a tua imagem
Onde o teu retrato
Na manhã tão limpa?

Onde a tua imagem
Onde o teu retrato
Nas tardes serenas
Nos frutos redondos

Nas crianças puras
Nas mulheres criando
Com seus gestos vida?

Onde a tua imagem
Ou o teu retrato
Nas coisas que eu amo?

Onde a tua voz
Ou a tua presença
Na voz deste dia?

Aqui onde habito
Há o sol a pique
O mar descoberto
A noite redonda
O instante infinito.

É verdade que passas
Pela cidade às vezes
Nos caixões de chumbo:

Mas viro o meu rosto
Pois não te compreendo
És um pesadelo
Uma coisa inventada
Que o vento desmente
Com suas mãos frescas
E a luz logo apaga.

Onde a tua imagem
Ou o teu retrato
Nas coisas que eu vejo?

É verdade que passas
Pela cidade às vezes
Com teu vestido roxo
Entre velas e incenso:
Mas eu te renego e o vento te nega
Com suas mãos frescas
E eu não te pertenço.
Meu corpo é do sol
Minh'alma é da terra.

Onde está teu rosto
Ou a raiz de ti
Onde procurar-te?

E como te amarei
Tanto que em meus dedos
Tua imagem floresça
E entre as minhas mãos
O teu rosto apareça?"

IV. O encontro

Redonda era a tarde
Sossegada e lisa
Na margem do rio
Alguém se despia.

Sozinho o cigano
Sozinho na tarde
Na margem do rio

Seu corpo surgia
Brilhante da água
Semelhante à lua
Que se vê de dia

Semelhante à lua
E semelhante ao brilho
De uma faca nua.

Redonda era a tarde.

v. O amor

Não há para mim outro amor nem tardes limpas
A minha própria vida a desertei
Só existe o teu rosto geometria
Clara que sem descanso esculpirei.

E noite onde sem fim me afundarei.

VI. A solidão

A noite abre os seus ângulos de lua
E em todas as paredes te procuro

A noite ergue as suas esquinas azuis
E em todas as esquinas te procuro

A noite abre as suas praças solitárias
E em todas as solidões eu te procuro

Ao longo do rio a noite acende as suas luzes
Roxas verdes azuis.

Eu te procuro.

VII. Trevas

O que foi antigamente manhã limpa
Sereno amor das coisas e da vida
É hoje busca desesperada busca
De um corpo cuja face me é oculta.

VIII. Canção de matar

Do dia nada sei

O teu amor em mim
Está como o gume
De uma faca nua
Ele me atravessa
E atravessa os dias
Ele me divide

Tudo o que em mim vive
Traz dentro uma faca
O teu amor em mim
Que por dentro me corta

    Com uma faca limpa
    Me libertarei
    Do teu sangue que põe
    Na minha alma nódoas

O teu amor em mim
De tudo me separa
No gume de uma faca
O meu viver se corta

Do dia nada sei
E a própria noite azul
Me fecha a sua porta

    Do dia nada sei
    Com uma faca limpa
    Me libertarei.

IX. Morte do cigano

Brancas as paredes viram como se mata
Viram o brilho fantástico da faca
A sua luz de relâmpago e a sua rapidez.

x. Aparição

Devagar devagar um homem morre
Escura no jardim a noite se abre
A noite com miríades de estrelas
Cintilantes límpidas sem mácula

Veloz veloz o sangue foge
Já não ouve cantar o moribundo
Sua interior exaltação antiga
Uma ferida no seu flanco o mata

Somente em sua frente vê paredes
Paredes onde o branco se retrata
Seus olhos devagar ficam de vidro
Uma ferida no seu flanco o mata

Já não tem esplendor nem tem beleza
Já não é semelhante ao sol e à lua
Seu corpo já não lembra uma coluna
É feito de suor o seu vestido
A sua face é dor e morte crua

E devagar devagar o rosto surge
O rosto onde outro rosto se retrata
O rosto desde sempre pressentido
Por aquele que ao viver o mata

Seus traços seu perfil mostra
A morte como um escultor
Os traços e o perfil
Da semelhança interior.

XI. Final

Assim termina a lenda
Daquele escultor:
Nem pedra nem planta
Nem jardim nem flor
Foram seu modelo.

Sevilha/ Lisboa, 1959

geografia

I. ingrina

Ingrina

O grito da cigarra ergue a tarde a seu cimo e o perfume do orégão invade a felicidade. Perdi a minha memória da morte da lacuna da perca do desastre. A omnipotência do sol rege a minha vida enquanto me recomeço em cada coisa. Por isso trouxe comigo o lírio da pequena praia. Ali se erguia intacta a coluna do primeiro dia — e vi o mar reflectido no seu primeiro espelho. Ingrina.

É esse o tempo a que regresso no perfume do orégão, no grito da cigarra, na omnipotência do sol. Os meus passos escutam o chão enquanto a alegria do encontro me desaltera e sacia. O meu reino é meu como um vestido que me serve. E sobre a areia sobre a cal e sobre a pedra escrevo: nesta manhã eu recomeço o mundo.

Manhã

Na manhã recta e branca do terraço
Em vão busquei meu pranto e minha sombra

O perfume do orégão habita rente ao muro
Conivente da seda e da serpente

No meio-dia da praia o sol dá-me
Pupilas de água mãos de areia pura

A luz me liga ao mar como a meu rosto
Nem a linha das águas me divide

Mergulho até meu coração de gruta
Rouco de silêncio e roxa treva

O promontório sagra a claridade
A luz deserta e limpa me reúne

De pedra e cal

De pedra e cal é a cidade
Com campanários brancos
De pedra e cal é a cidade
Com algumas figueiras

De pedra e cal são
Os labirintos brancos
E a brancura do sal
Sobe pelas escadas

De pedra e cal a cidade
Toda quadriculada
Como um xadrez jogado
Só com pedras brancas

Um xadrez só de torres
E cavalos-marinhos
Que sacodem as crinas
Sob os olhos das moiras

Caminha devagar
Porque o chão é caiado

Mundo nomeado ou descoberta das ilhas

Iam de cabo em cabo nomeando
Baías promontórios enseadas:
Encostas e praias surgiam
Como sendo chamadas

E as coisas mergulhadas no sem-nome
Da sua própria ausência regressadas
Uma por uma ao seu nome respondiam
Como sendo criadas

Senhora da rocha

Tu não estás como Vitória à proa
Nem abres no extremo do promontório as tuas asas
Nem caminhas descalça nos teus pátios quadrados e
[caiados
Nem desdobras o teu manto na escultura do vento
Nem ofereces o teu ombro à seta da luz pura

Mas no extremo do promontório
Em tua pequena capela rouca de silêncio
Imóvel muda inclinas sobre a prece
O teu rosto feito de madeira e pintado como um barco

O reino dos antigos deuses não resgatou a morte
E buscamos um deus que vença connosco a nossa morte
É por isso que tu estás em prece até ao fim do mundo
Pois sabes que nós caminhamos nos cadafalsos do tempo

Tu sabes que para nós existe sempre
O instante em que se quebra a aliança do homem com as
[coisas
Os deuses de mármore afundam-se no mar
Homens e barcos pressentem o naufrágio

E por isso não caminhas cá fora com o vento
No grande espaço liso da luz branca
Nem habitas no centro da exaltação marinha
O antigo círculo dos deuses deslumbrados

Mas rodeada pela cal dos pátios e dos muros

Assaltada pelo clamor do mar e a veemência do vento
Inclinas o teu rosto

Imóvel muda atenta como antena

II. procelária

Procelária

É vista quando há vento e grande vaga
Ela faz o ninho no rolar da fúria
E voa firme e certa como bala

As suas asas empresta à tempestade
Quando os leões do mar rugem nas grutas
Sobre os abismos passa e vai em frente

Ela não busca a rocha o cabo o cais
Mas faz da insegurança sua força
E do risco de morrer seu alimento

Por isso me parece imagem justa
Para quem vive e canta no mau tempo

Cidade dos outros

Uma terrível atroz imensa
Desonestidade
Cobre a cidade

Há um murmúrio de combinações
Uma telegrafia
Sem gestos sem sinais sem fios

O mal procura o mal e ambos se entendem
Compram e vendem

E com um sabor a coisa morta
A cidade dos outros
Bate à nossa porta

Eu me perdi

Eu me perdi na sordidez de um mundo
Onde era preciso ser
Polícia agiota fariseu
Ou cocote

Eu me perdi na sordidez do mundo
Eu me salvei na limpidez da terra

Eu me busquei no vento e me encontrei no mar
E nunca
Um navio da costa se afastou
Sem me levar

Esta gente

Esta gente cujo rosto
Às vezes luminoso
E outras vezes tosco

Ora me lembra escravos
Ora me lembra reis

Faz renascer meu gosto
De luta e de combate
Contra o abutre e a cobra
O porco e o milhafre

Pois a gente que tem
O rosto desenhado
Por paciência e fome
É a gente em quem
Um país ocupado
Escreve o seu nome

E em frente desta gente
Ignorada e pisada
Como a pedra do chão
E mais do que a pedra
Humilhada e calcada

Meu canto se renova
E recomeço a busca
De um país liberto
De uma vida limpa
E de um tempo justo

Os aviões

Na noite de luar o avião passa como um prodígio
Rápido inofensivo e violento

Ele enche de clamor o sossego branco dos muros onde moro
Ele enche de espanto
O halo azul da noite exterior

Mas depressa passa o pássaro vibrante
De novo tomba a lua sobre as flores
E o cipreste contempla o seu próprio silêncio

Porém noutro lugar noutro silêncio
Bandos passaram em voos de terror
E a morte nasceu dos ovos que deixaram

A lua não encontrou depois as flores
Ninguém morava dentro dos muros brancos
E a noite em vão buscava o seu cipreste

Velório rico

O morto está sinistro e amortalhado
Rodeado de herdeiros inquietos como sombras
Que atormentam o ar com seus pecados

Túmulo de Lorca

Em ti choramos os outros mortos todos
Os que foram fuzilados em vigílias sem data
Os que se perdem sem nome na sombra das cadeias
Tão ignorados que nem sequer podemos
Perguntar por eles imaginar seu rosto
Choramos sem consolação aqueles que sucumbem
Entre os cornos da raiva sob o peso da força

Não podemos aceitar. O teu sangue não seca
Não repousamos em paz na tua morte
A hora da tua morte continua próxima e veemente
E a terra onde abriram a tua sepultura
É semelhante à ferida que não fecha

O teu sangue não encontrou nem foz nem saída
De Norte a Sul de Leste a Oeste
Estamos vivendo afogados no teu sangue
A lisa cal de cada muro branco
Escreve que tu foste assassinado

Não podemos aceitar. O processo não cessa
Pois nem tu foste poupado à patada da besta
A noite não pode beber nossa tristeza
E por mais que te escondam não ficas sepultado

Néon

Luz descerrada e crua
Que não rodeia as coisas
Mas as desventra
De fora para dentro

Espaço de uma insónia sem refúgio

Tudo é como um interior violado
Como um quarto saqueado

Luz de máquina e fantasma

III. a noite e a casa

Quadrado

Deixai-me com a sombra
Pensada na parede
Deixai-me com a luz
Medida no meu ombro
Em frente do quadrado
Nocturno da janela

Escuto

Escuto mas não sei
Se o que oiço é silêncio
Ou deus

Escuto sem saber se estou ouvindo
O ressoar das planícies do vazio
Ou a consciência atenta
Que nos confins do universo
Me decifra e fita

Apenas sei que caminho como quem
É olhado amado e conhecido
E por isso em cada gesto ponho
Solenidade e risco

Bach Segóvia guitarra

A música do ser
Povoa este deserto
Com sua guitarra
Ou com harpas de areia

Palavras silabadas
Vêm uma a uma
Na voz da guitarra

A música do ser
Interior ao silêncio
Cria seu próprio tempo
Que me dá morada

Palavras silabadas
Unidas uma a uma
Às paredes da casa

Por companheira tenho
A voz da guitarra

E no silêncio ouvinte
O canto me reúne
De muito longe venho
Pelo canto chamada

E agora de mim
Não me separa nada
Quando oiço cantar

A música do ser
Nostalgia ordenada
Num silêncio de areia
Que não foi pisada

Vela

Em redor da luz
A casa sai da sombra
Intensamente atenta
Levemente espantada

Em redor da luz
A casa se concentra
Numa espera densa
E quase silabada

Em redor da chama
Que a menor brisa doma
E que um suspiro apaga
A casa fica muda

Enquanto a noite antiga
Imensa e exterior
Tece seus prodígios
E ordena seus milénios
De espaço e de silêncio
De treva e de esplendor

A luz e a casa

Em redor da luz
Com sombras e brancos
A casa se procura

Minhas mãos quase tocam
O brando respirar
Da sua atenção pura

A noite e a casa

A noite reúne a casa ao seu silêncio
Desde o alicerce desde o fundamento
Até à flor imóvel
Apenas se ouve bater o relógio do tempo

A noite reúne a casa a seu destino

Nada agora se dispersa se divide
Tudo está como o cipreste atento

O vazio caminha em seus espaços vivos

Espera

Deito-me tarde
Espero por uma espécie de silêncio
Que nunca chega cedo
Espero a atenção a concentração da hora tardia
Ardente e nua
É então que os espelhos acendem o seu segundo brilho
É então que se vê o desenho do vazio
É então que se vê subitamente
A nossa própria mão poisada sobre a mesa

É então que se vê o passar do silêncio

Navegação antiquíssima e solene

IV. dual

Novembro

A respiração de Novembro verde e fria
Incha os cedros azuis e as trepadeiras
E o vento inquieta com longínquos desastres
A folhagem cerrada das roseiras

Signo

Meu signo é o da morte porém trago
Uma balança interior uma aliança
Da solidão com as coisas exteriores

De um amor morto

De um amor morto fica
Um pesado tempo quotidiano
Onde os gestos se esbarram
Ao longo do ano

De um amor morto não fica
Nenhuma memória
O passado se rende
O presente o devora
E os navios do tempo
Agudos e lentos
O levam embora

Pois um amor morto não deixa
Em nós seu retrato
De infinita demora
É apenas um facto
Que a eternidade ignora

Dual

Altas marés no tumulto me ressoam
E paredes de silêncio me reflectem

O vazio desenhava desde sempre

O vazio desenhava desde sempre a forma do teu rosto
Todas as coisas serviram para nos ensinar
A ardente perfeição da tua ausência

Assim o amor

Assim o amor
Espantando meu olhar com teus cabelos
Espantando meu olhar com teus cavalos
E grandes praias fluidas avenidas
Tardes que oscilavam demoradas
E um confuso rumor de obscuras vidas
E o tempo sentado no limiar dos campos
Com seu fuso sua faca e seus novelos

Em vão busquei eterna luz precisa

A flauta

No canto do quarto a sombra tocou sua pequena flauta
Foi então que me lembrei de cisternas e medusas
E do brilho mortal da praia nua

Estava o anel da noite solenemente posto no meu dedo
E a navegação do silêncio continuou sua viagem
                                    [antiquíssima

No deserto

Metade de mim cavalo de mim mesma eu te domino
Eu te debelo com espora e rédea

Para que não te percas nas cidades mortas
Para que não te percas
Nem nos comércios de Babilónia
Nem nos ritos sangrentos de Nínive

Eu aponto o teu nariz para o deserto limpo
Para o perfume limpo do deserto
Para a sua solidão de extremo a extremo

Por isso te debelo te combato te domino
E o freio te corta a espora te fere a rédea te retém

Para poder soltar-te livre no deserto
Onde não somos nós dois mas só um mesmo
No deserto limpo com seu perfume de astros
Na grande claridade limpa do deserto
No espaço interior de cada poema
Luz e fogo perdidos mas tão perto
Onde não somos nós dois mas só um mesmo

No quarto

No quarto roemos o sabor da fome
A nossa imaginação divaga entre paredes brancas
Abertas como grandes páginas lisas
O nosso pensamento erra sem descanso pelos mapas
A nossa vida é como um vestido que não cresceu connosco

O filho pródigo

Banido da tua herança
Dispersaste as tuas forças contra os enganos da terra
Comendo o pão magro das sementeiras devastadas —
Até que viraste os teus passos para o avesso:
Filho pródigo que nenhum pai esperava em seu regresso

Caminho

Na marcha pelo deserto eu sabia
Que alguns morreriam

Mas pensava sob o céu redondo
— Onde
O limite do meu amor da minha força?

E eis que morro antes do próximo oásis
Com a garganta seca e o peso
Ilimitado do sol sobre os meus ombros

Eis que morro cega de brancura
Cansada de mais para avistar miragens

Eu sabia
Que alguém
Antes do próximo oásis morreria

Janela

Janela rente ao mar e rente ao tempo
— Ó mãos poisadas sobre um Junho antigo —
De ano em ano de hora em hora
Caminho para a frente e cega me persigo

Quem me consolará do meu corpo sepultado?

Casa

A antiga casa que os ventos rodearam
Com suas noites de espanto e de prodígio
Onde os anjos vermelhos batalharam

A antiga casa de inverno em cujos vidros
Os ramos nus e negros se cruzaram
Sob o íman dum céu lunar e frio

Permanece presente como um reino
E atravessa meus sonhos como um rio

As nereides

Pudesse eu reter o teu fluir, ó quarto
Reter para sempre o teu quadrado branco
Denso de silêncio puro
E vida atenta

Reter o brilho
Da Cassiopeia em frente da janela
Reter a queda
Das ondas sobre a areia
E habitar para sempre o teu espelho

Que dos meus ombros jamais tombasse o tempo
Marinho misterioso e antigo
Assim como as nereides
Não perderão jamais seu manto de água

Portas da vila

I

A casa está na tarde
Actual mas nos espelhos
Há o brilho febril de um tempo antigo
Que se debate emerge balbucia

II

Com um barulho de papel o vento range na palmeira
O brilho das estrelas suspende nosso rosto
Com seu jardim nocturno de paixão e perfume
A casa nos invade e nos rodeia

III

A casa vê-se de longe porque é branca
Mas sombrio
É o quarto atravessado pelo rio

IV

A casa jaz com mil portas abertas
O interior dos armários é obscuro e vazio
A ausência começa poisando seus primeiros passos
No quarto onde poisei o rosto sobre a lua

Palmeiras geometria

Palmeiras geometria
São meu alimento
Secura silêncio
São minha bebida
E a infinita ausência
É a minha vida
A funda a secreta
Com sabor a pedra
E perfume de vento

Atelier do escultor do meu tempo

Uma nudez geométrica
Implanta nos espaços sucessivos
O vazio propício à aparição dos fantasmas

É aqui que as estátuas mostram
A necessidade sem discurso dos seus gestos

Exiladas da vida e da cidade
Exiladas do tempo
Elas convocam
O fragmento a mutilação os destroços

O peixe que navega sem perturbar o silêncio

Os espelhos

Os espelhos acendem o seu brilho todo o dia
Nunca são baços
E mesmo sob a pálpebra da treva
Sua lisa pupila cintila e fita
Como a pupila do gato
Eles nos reflectem. Nunca nos decoram

Porém é só na penumbra da hora tardia
Quando a imobilidade se instaura no centro do silêncio
Que à tona dos espelhos aflora
A luz que os habita e nos apaga:
Luz arrancada
Ao interior de um fogo frio e vítreo

Ali, então

Ali então em pleno mundo antigo
À sombra do cipreste e da videira
Olhando o longo tremular do mar
Num silêncio de luas e de trigo

(Como se a morte a dor o tempo e a sorte
Não nos tivessem nunca acontecido)

Em nossas mãos a pausa há-de poisar
Como o luar que poisa nas videiras
E em frente ao longo tremular do mar
Num perfume de vinho e de roseiras
A sombra da videira há-de poisar
Em nossas mãos e havemos de habitar
O silêncio das luas e do trigo
No instante ameaçado e prometido

E os poemas serão o próprio ar
— Canto do ser inteiro e reunido —
Tudo será tão próximo do mar
Como o primeiro dia conhecido

v. mediterrâneo

Acaia

Aqui despi meu vestido de exílio
E sacudi de meus passos a poeira do desencontro

No Golfo de Corinto

No Golfo de Corinto
A respiração dos deuses é visível:
É um arco um halo uma nuvem
Em redor das montanhas e das ilhas
Como um céu mais intenso e deslumbrado

E também o cheiro dos deuses invade as estradas
É um cheiro a resina a mel e a fruta
Onde se desenham grandes corpos lisos e brilhantes
Sem dor sem suor sem pranto
Sem a menor ruga de tempo

E uma luz cor de amora no poente se espalha
É o sangue dos deuses imortal e secreto
Que se une ao nosso sangue e com ele batalha

Sunion

Na nudez da luz (cujo exterior é o interior)
Na nudez do vento (que a si próprio se rodeia)
Na nudez marinha (duplicada pelo sal)

Uma a uma são ditas as colunas de Sunion

Electra

a Aspassia Papathanassiou

O rumor do estio atormenta a solidão de Electra
O sol espetou a sua lança nas planícies sem água
Ela solta os seus cabelos como um pranto
E o seu grito ecoa nos pátios sucessivos
Onde em colunas verticais o calor treme
O seu grito atravessa o canto das cigarras
E perturba no céu o silêncio de bronze
Das águias que devagar cruzam seu voo
O seu grito persegue a matilha das fúrias
Que em vão tentam adormecer no fundo dos sepulcros
Ou nos cantos esquecidos do palácio

Porque o grito de Electra é a insónia das coisas
A lamentação arrancada ao interior dos sonhos dos
                                [remorsos e dos crimes
E a invocação exposta
Na claridade frontal do exterior
No duro sol dos pátios

Para que a justiça dos deuses seja convocada

Epidauro

O cardo floresce na claridade do dia. Na doçura do dia se abre o figo. Eis o país do exterior onde cada coisa é:

> trazida à luz
> trazida à liberdade da luz
> trazida ao espanto da luz

Eis-me vestida de sol e de silêncio. Gritei para destruir o Minotauro e o palácio. Gritei para destruir a sombra azul do Minotauro. Porque ele é insaciável. Ele come dia após dia os anos da nossa vida. Bebe o sacrifício sangrento dos nossos dias. Come o sabor do nosso pão a nossa alegria do mar. Pode ser que tome a forma de um polvo como nos vasos de Cnossos. Então dirá que é o abismo do mar e a multiplicidade do real. Então dirá que é duplo. Que pode tornar-se pedra com a pedra alga com a alga. Que pode dobrar-se que pode desdobrar-se. Que os seus braços rodeiam. Que é circular. Mas de súbito verás que é um homem que traz em si próprio a violência do toiro.

Só poderás ser liberta aqui na manhã d'Epidauro. Onde o ar toca o teu rosto para te reconhecer e a doçura da luz te parece imortal. A tua voz subirá sozinha as escadas de pedra pálida. E ao teu encontro regressará a teoria ordenada das sílabas — portadoras limpas da serenidade.

Tolon

Um mar horizontal corta os espelhos
E um sol de sal cintila sobre a mesa
Habitamos o ar livre rente ao dia
Rente ao fruto rente ao vinho rente às águas
E sob o peso leve da folhagem

Antinoos

Sob o peso nocturno dos cabelos
Ou sob a lua diurna do teu ombro
Procurei a ordem intacta do mundo
A palavra não ouvida

Longamente sob o fogo ou sob o vidro
Procurei no teu rosto
A revelação dos deuses que não sei

Porém passaste através de mim
Como passamos através da sombra

Vila Adriana

A ânfora cria à sua roda um espaço de silêncio
Como aquela
Tarde de outono sob os pinheiros da Vila Adriana

Tempo da fina areia agudamente medido
Os séculos derrubaram estátuas e paredes
Eu destruída serei por breves anos

Mas de repente recupero a antiga
Divindade do ar entre as colunas

Pompeia — Casa de Menandro

A serenidade de um verso latino
Claro e medido
Povoa o tempo de clepsidra — ou o escorrido
Tempo de areia fina

Paira — apesar da morte e da ruína —
Uma ciência tão atenta do vivido
Que a alegria do penúltimo momento
Ergue na jovem luz a sua taça

E toco na sombra uma frescura de vinha

Crepúsculo dos deuses

Um sorriso de espanto brotou nas ilhas do Egeu
E Homero fez florir o roxo sobre o mar
O Kouros avançou um passo exactamente
A palidez de Athena cintilou no dia

Então a claridade dos deuses venceu os monstros nos
                    [frontões de todos os templos
E para o fundo do seu império recuaram os Persas

Celebrámos a vitória: a treva
Foi exposta e sacrificada em grandes pátios brancos
O grito rouco do coro purificou a cidade

Como golfinhos a alegria rápida
Rodeava os navios
O nosso corpo estava nu porque encontrara
A sua medida exacta
Inventámos: as colunas de Sunion imanentes à luz
O mundo era mais nosso cada dia

Mas eis que se apagaram
Os antigos deuses sol interior das coisas
Eis que se abriu o vazio que nos separa das coisas
Somos alucinados pela ausência bebidos pela ausência
E aos mensageiros de Juliano a Sibila respondeu:

"Ide dizer ao rei que o belo palácio jaz por terra quebrado

Phebo já não tem cabana nem loureiro profético nem fonte
[melodiosa
A água que fala calou-se"[1]

1. Resposta do Oráculo de Delphos a Oribásio, médico de Juliano, o
Apóstata (Cedrenus, *Resumo da História*).

Termoli

Quase lua cheia e baixa sobre o mar
Magnética e brilhante nos panos pretos da noite
Foi então que abordámos em margens de silêncio
E uma pequena cidade surgiu antiga e cor de bronze

Ítaca

Quando as luzes da noite se reflectirem imóveis nas águas
[verdes de Brindisi
Deixarás o cais confuso onde se agitam palavras passos
[remos e guindastes
A alegria estará em ti acesa como um fruto
Irás à proa entre os negrumes da noite
Sem nenhum vento sem nenhuma brisa só um sussurrar de
[búzio no silêncio
Mas pelo súbito balanço pressentirás os cabos
Quando o barco rolar na escuridão fechada
Estarás perdida no interior da noite no respirar do mar
Porque esta é a vigília de um segundo nascimento

O sol rente ao mar te acordará no intenso azul
Subirás devagar como os ressuscitados
Terás recuperado o teu selo a tua sabedoria inicial
Emergirás confirmada e reunida
Espantada e jovem como as estátuas arcaicas
Com os gestos enrolados ainda nas dobras do teu manto

Um poeta clássico

Um poeta clássico
Fará da ausência uma parte do seu jogo:
Prumo esteio coluna
Combate esculpido nas métopas do templo

Una e múltipla
Cada encontro a recomeça:
Agudo gume quando a música ressoa
Venenosa rosa do Junho mais antigo

Um poeta clássico
Fará da ausência uma parte do seu jogo
Nem integrada nem assumida
Apenas companheira
Segunda mão poisada sobre a mesa
Mão esquerda

Companheira serena
Das coisas serenas:
Parede livro fruto
E fogosa condutora dos desastres
Que nos esperam em seus pátios lisos

vi. brasil ou do outro lado do mar

Descobrimento

Um oceano de músculos verdes
Um ídolo de muitos braços como um polvo
Caos incorruptível que irrompe
E tumulto ordenado
Bailarino contorcido
Em redor dos navios esticados

Atravessamos fileiras de cavalos
Que sacudiam suas crinas nos alísios

O mar tornou-se de repente muito novo e muito antigo
Para mostrar as praias
E um povo
De homens recém-criados ainda cor de barro
Ainda nus ainda deslumbrados

Manuel Bandeira

Este poeta está
Do outro lado do mar
Mas reconheço a sua voz há muitos anos
E digo ao silêncio os seus versos devagar

Relembrando
O antigo jovem tempo tempo quando
Pelos sombrios corredores da casa antiga
Nas solenes penumbras do silêncio
Eu recitava
"As três mulheres do sabonete Araxá"
E minha avó se espantava

Manuel Bandeira era o maior espanto da minha avó
Quando em manhãs intactas e perdidas
No quarto já então pleno de futura
Saudade
Eu lia
A canção do "Trem de ferro"
E o "Poema do beco"

Tempo antigo lembrança demorada
Quando deixei uma tesoura esquecida nos ramos da
                                                    [cerejeira
Quando
Me sentava nos bancos pintados de fresco
E no Junho inquieto e transparente
As três mulheres do sabonete Araxá
Me acompanhavam
Tão visíveis
Que um eléctrico amarelo as decepava

Estes poemas caminharam comigo e com a brisa
Nos passeados campos da minha juventude
Estes poemas poisaram a sua mão sobre o meu ombro
E foram parte do tempo respirado

Brasília

a Gelsa e Álvaro Ribeiro da Costa

Brasília
Desenhada por Lúcio Costa Niemeyer e Pitágoras
Lógica e lírica
Grega e brasileira
Ecuménica
Propondo aos homens de todas as raças
A essência universal das formas justas

Brasília despojada e lunar como a alma de um poeta
                                        [muito jovem
Nítida como Babilónia
Esguia como um fuste de palmeira
Sobre a lisa página do planalto
A arquitectura escreveu a sua própria paisagem

O Brasil emergiu do barroco e encontrou o seu número

No centro do reino de Ártemis
— Deusa da natureza inviolada —
No extremo da caminhada dos Candangos
No extremo da nostalgia dos Candangos
Athena ergueu sua cidade de cimento e vidro
Athena ergueu sua cidade ordenada e clara como um
                                        [pensamento

E há no arranha-céus uma finura delicada de coqueiro

Poema de Helena Lanari

Gosto de ouvir o português do Brasil
Onde as palavras recuperam sua substância total
Concretas como frutos nítidas como pássaros
Gosto de ouvir a palavra com suas sílabas todas
Sem perder sequer um quinto de vogal

Quando Helena Lanari dizia o "coqueiro"
O coqueiro ficava muito mais vegetal

VII. no poema

Poesia de inverno

"O inverno do nosso descontentamento"
Shakespeare, *Ricardo III*

I

Poesia de inverno: poesia do tempo sem deuses
Escolha
Cuidadosa entre restos

Poesia das palavras envergonhadas
Poesia dos problemas de consciência das palavras

Poesia das palavras arrependidas
Quem ousaria dizer:

Seda nácar rosa

Árvore abstracta e desfolhada
No inverno da nossa descrença

II

Pinças assépticas
Colocam a palavra-coisa
Na linha do papel
Na prateleira das bibliotecas

III

Quem ousaria dizer:

Seda nácar rosa

Porque ninguém teceu com suas mãos a seda — em longos dias
em compridos fusos e com finos sedosos dedos

E ninguém colheu na margem da manhã a rosa — leve e
pesada faca de doçura

Pois o rio já não é sagrado e por isso nem sequer é rio

E o universo não brota das mãos de um deus do gesto e do
sopro de um deus da alegria e da veemência de um deus

E o homem pensando à margem do destino procura arranjar
licença de residência na caserna provisória dos sobreviventes

IV

Meu coração busca as palavras do estio
Busca o estio prometido nas palavras

Escrita do poema

A mão traça no branco das paredes
A negrura das letras
Há um silêncio grave
A mesa brilha docemente o seu polido

De certa forma
Fico alheia

Da transparência

Senhor libertai-nos do jogo perigoso da transparência
No fundo do mar da nossa alma não há corais nem búzios
Mas sufocado sonho
E não sabemos bem que coisa são os sonhos
Condutores silenciosos canto surdo
Que um dia subitamente emergem
No grande pátio liso dos desastres

Poema

A minha vida é o mar o Abril a rua
O meu interior é uma atenção voltada para fora
O meu viver escuta
A frase que de coisa em coisa silabada
Grava no espaço e no tempo a sua escrita

Não trago Deus em mim mas no mundo o procuro
Sabendo que o real o mostrará

Não tenho explicações
Olho e confronto
E por método é nu meu pensamento

A terra o sol o vento o mar
São minha biografia e são meu rosto

Por isso não me peçam cartão de identidade
Pois nenhum outro senão o mundo tenho
Não me peçam opiniões nem entrevistas
Não me perguntem datas nem moradas
De tudo quanto vejo me acrescento

E a hora da minha morte aflora lentamente
Cada dia preparada

TIPOGRAFIA Wigrum

DIAGRAMAÇÃO acomte

PAPEL Pólen Bold, Suzano S.A.

IMPRESSÃO Gráfica Bartira, fevereiro de 2025

A marca FSC® é a garantia de que a madeira utilizada na fabricação do papel deste livro provém de florestas que foram gerenciadas de maneira ambientalmente correta, socialmente justa e economicamente viável, além de outras fontes de origem controlada.